Adam

Also available in this series

POETRY

Selected Poems

Square Horizon / Horizon carré
Equatorial & other poems / Ecuatorial y otros poemas
Arctic Poems / Poemas árticos
Eiffel Tower / Tour Eiffel *
Painted poems / Poemas pintadas *
Paris 1925: Ordinary Autumn & All of a Sudden / Automne régulier & Tout à coup
Skyquake / Temblor de cielo
Citizen of Oblivion / El ciudadano del olvido *
Seeing and Touching / Ver y palpar *
Last Poems / Últimos poemas *
Uncollected Poems / Poemas inéditos *

FICTION

El Cid / Mío Cid Campeador
Cagliostro
Three Huge Novels / Tres inmensas novelas (with Hans Arp)

OTHER PROSE

Manifestos / Manifestes
Adverse Winds / Vientos contrarios *

Volodia Teitelboim: *Vicente Huidobro: In Perpetual Motion* (biography) *

* indicates an edition still unpublished when this volume appeared.

Vicente Huidobro

Adam

Adán

Translated from Spanish by
Tony Frazer

Shearsman Books

First published in the United Kingdom in 2021 by
Shearsman Books Ltd
PO Box 4239
Swindon
SN3 9FN

Shearsman Books Ltd Registered Office
30–31 St. James Place, Mangotsfield, Bristol BS16 9JB
(this address not for correspondence)

www.shearsman.com

ISBN 978-1-84861-775-9

The original texts in this volume are based on the first edition of *Adán*
(Santiago: Imprenta Universitaria, 1916), as well as the texts printed
in the author's *Obra poética* [Poetic Works], edited by Cedomil Goic
(Paris: Éditions ALLCA XX, 2003).

CONTENTS

Introduction   7

12   Prefacio / Preface   13

ADÁN / ADAM

22   El caos / Chaos   23
26   El Himno del sol / Hymn of the Sun   27
32   La tierra / The Earth   33
38   Adán / Adam   39
52   Adán ante el agua / Adam Before the Waters   53
56   Adán ante los árboles / Adam Before the Trees   57
60   Adán ante el mar / Adam Before the Sea   61
66   Adán va a las montañas / Adam Goes to the Mountains   67
70   Paréntesis / Parenthesis   71
74   Adán en la montaña / Adam on the Mountain   75
78   Adán ante la noche / Adam Before the Night   79
82   Adán encuentra a Eva / Adam Meets Eve   83
86   Primer Amor / First Love   87
94   Nueva Vida / New Life   95
98   Caín y Abel / Cain and Abel   99
104   Epílogo / Epilogue   105

INTRODUCTION

Vicente Huidobro was born in Santiago de Chile in 1893; he died of a brain hæmorrhage in Cartagena, Chile on 2 January 1948, a few days before his fifty-fifth birthday.

Huidobro came from a wealthy patrician family. Unlike many youths of his age and class, Huidobro dedicated himself to literature. 'At the age of seventeen,' he was to write in 1926, 'I said to myself: "I must be the first poet of America"; then, as the years passed, I said: "I must be the first poet of my language"; finally, my ambitions soared and I said to myself: "I have to be the first poet of my century".' Modesty was not one of Huidobro's defining characteristics.

After some early literary successes and the publication of several books, Huidobro left Chile with his family in late 1916, bound first for Madrid, and then for Paris, where he threw himself into the artistic avant-garde, founding a Cubist magazine, *Nord-Sud*, with Pierre Reverdy and establishing friendships with Juan Gris, Picasso, Picabia and Lipchitz, as well as with poets such as Apollinaire, Cendrars and Cocteau. In July of 1918, to escape the war, he moved to Madrid where he participated in the *tertulia* (literary salon) of Ramón Gómez de la Serna at the Café Pombo; he also came into contact with significant young writers such as Gerardo Diego, Jorge Luis Borges and Juan Larrea.

His movement, Creationism—a kind of literary cubism, which argued for the independence of artistic works from observable reality—was a useful label, a marketing slogan in modern terms, under which attention was sought, and gained. As is still the case today, critics and commentators happily discussed the supposedly attendant theories rather than the works that exemplified them.

As his life went on, Huidobro made friends, lost friends, and battled constantly for his place in the literary firmament, at times a little too robustly, causing him to fall out at one time or another with almost all those close to him, with the exception of Juan Larrea and Gerardo Diego—although he saw little of these figures in later years, given his return to the far south of the American continent. Notwithstanding his grandstanding, his occasional petulance, his somewhat misplaced sense of himself as a leader—that is, one with few followers—he was one of the most interesting and galvanising figures in the Latin American avant-garde in the first half of the 20th century. His literary presence is still felt in Latin American poetry

and, as with his contemporary, the great Peruvian, César Vallejo, there is a growing appreciation of his work in the English-speaking world. His poetry is wonderfully experimental, sometimes outrageous, narcissistic, and egotistical in a quasi-Whitmanesque fashion, but it constitutes a splendid corrective to our sometimes lazy view of the trajectory of 20th-century poetry.

*

This volume is, I believe, only the second English translation of Huidobro's final apprentice work, the first to suggest that there might be more to him than the pale imitation of Rubén Darío that was evidenced in his earlier, rather juvenile, volumes. Published in July 1916, it was written between 1914 and 1916, and was Huidobro's first extended attempt at free verse. I think it is fair to say that the book would today be forgotten, were it not for the author's spectacular later career, but it retains some interest as a transitional volume, albeit not as much as the real turning point, *El espejo de agua* (The Water Mirror), also first published in 1916, but written after *Adán*.

Adán is a young man's book, embarrassingly so at times, but it represents a major leap forward from the earlier books. With his claim to Emersonian influence, his dismissal of traditional Hispanophone poetry in the Preface, and that typically outrageous tone—one we will meet many times in his later works, where he shouts from the rooftops, "Look at me!", and lays into his perceived enemies—it's hard to ignore the fact that Huidobro was all of 21 when he began this poem. The sins of youth, indeed. He would later make little public reference to the book, although he would always make much of *El espejo de agua*, and would occasionally make claims for the earlier prose volume, *Pasando y pasando*, which had caused a minor scandal, and was perhaps fondly remembered because of it.

The Spanish text is drawn from the first edition, published in Santiago in 1916 by Imprenta Universitaria, a PDF facsimile of which may be downloaded from the Biblioteca Nacional de Chile, but with some stanza breaks corrected in accordance with the text presented in Huidobro's *Obra poética*, edited by Cedomil Goïc (2003).

Tony Frazer
July 2021

A la memoria de Emerson,
que habría amado este humilde
Poema.

V. H.

In memory of Emerson,
who would have loved this humble
Poem.

V. H.

PREFACIO

Antes de empezar la lectura de este poema debo algunas advertencias.

Mi Adán, no es el Adán bíblico, aquel mono de barro al cual infunden vida soplándole la nariz; es el Adán científico. Es el primero de los seres que comprende la Naturaleza, el primero en el cual se despierta la inteligencia y florece la admiración.

A ese primer inteligente y comprensor le doy el nombre bíblico de Adán.

Mi Adán entonces viene a ser aquel estupendo personaje a quien el gran Metchnikoff ha llamado «el hijo genial de una pareja de antropoides».

En este poema he tratado de verter todo el panteísmo de mi alma, ciñéndome a las verdades científicas, sin por esto hacer claudicar jamás los derechos de la Poesía.

Muchas veces he pensado escribir una Estética del Futuro, del tiempo no muy lejano en que el Arte esté hermanado, unificado con la Ciencia. Para ello tengo ya entre mis papeles bastantes anotaciones y documentos.

Tanto me he ceñido a la Ciencia que en el canto «Adán ante el Mar» puede fácilmente advertirse el origen marino de la vida, que es un fenómeno acuático, según ha demostrado hace pocos años M. Quinton y según creen todos los grandes sabios de Europa.

Sólo en la parte final de este poema en Caín y Abel he dado importancia al símbolo legendario.

Hecha esta advertencia, quiero hablar algo sobre el verso libre.

Una vez concebida la idea de mi poema, la primera pregunta que me hice fue sobre el metro en que debía desarrollarlo. Sin vacilar pensé en el verso libre, porque si hay un tema que exija esta nueva forma, ese tema es el mío, por su misma primitividad de vida libre. Por otra parte yo hubiera deseado hacer muy grande, muy fuerte la creación del poema y ese mismo deseo de grandeza me pedía mayor libertad, absoluta amplitud.

Los retóricos españoles confunden el verso libre con el verso blanco. El primero es una mezcla de ritmos armoniosa en su conjunto y de versos perfectamente rimados en consonante o asonante (o en ambas rimas) y el segundo, es siempre de igual número de sílabas y sin rima.

El poeta antiguo atendía al ritmo de cada verso en particular, el verso-librista atiende a la armonía total de la estrofa. Es una orquestación más amplia, sin compás machacante de organillo.

PREFACE

Before beginning to read this poem the reader is owed a few words of caution.

My Adam is not the biblical Adam, that monkey fashioned from clay, life blown into his nostrils; he is the scientific Adam. He is the first being to understand Nature, the first in whom intelligence awoke and wonder flourished.

To that first intelligent and blessed man I give the biblical name of Adam.

My Adam then becomes that wonderful character whom the great Mechnikov[1] has called "the brilliant son of a pair of anthropoids".

I have tried to pour into this poem all the pantheism of my soul, adhering to scientific truths, but without ever giving up the rights of Poetry.

Many times I have considered writing an Aesthetics of the Future, of the not-too-distant era in which Art will be twinned, unified with Science. Amongst my papers I already have numerous notes and documents for this.

I have stuck so closely to Science that, in the canto, 'Adam Before the Sea', one will readily notice the marine origins of life – and the latter is an aquatic phenomenon, as demonstrated a few years ago by René Quinton[2]. His opinion is now shared by all the great sages of Europe.

Only in the final part of this poem, in 'Cain and Abel', have I given any importance to the symbols of legend.

This caveat having been given, I would like to offer some words concerning free verse.

Once the idea of my poem was conceived, the first question I asked myself concerned the metre in which it should be developed. Without hesitation I thought of free verse, because if there is a subject that demands this new form, that subject is mine, for the primitiveness of free verse is like that of life itself. On the other hand, I wanted to create something substantial, a very strong poem, and the search for greatness required of me greater freedom, an absolute capaciousness.

Spanish rhetoricians confuse free verse with blank verse. The first is a

---

[1] Ilya Mechnikov (1845–1916), Russian biologist, and winner of the Nobel Prize for Medicine, 1908.

[2] René Quinton (1886–1925), French biologist, whose *L'eau de mer, milieu organique* (1903)argued that the origin of cellular life lay in the oceans.

A las protestas de los retóricos adocenados diremos que cada uno de los metros clásicos oficiales y patentados, significaron también en un tiempo, la conquista de una nueva forma, de una libertad.

Y a los que no perciben la armonía del verso libre les diremos que reeduquen bien su oído, su pésimo oído, puesto que soportan con gusto largas tiradas de versos iguales que a veces durante media hora están apaleando el oído a cada cierto número fijo de sílabas.

También les diremos que recuerden que cuando Boscán llevó a España el endecasílabo italiano fue rudamente atacado y que nadie percibía entonces el ritmo del verso que pocos años después sería el favorito de la alta poesía clásica castellana.

Todo evoluciona; confiemos también nosotros en la evolución de los malos oídos, confiemos en que algún día percibirán todos el maravilloso ritmo interior.

La idea es la que debe crear el ritmo y no el ritmo a la idea como en casi todos los poetas antiguos.

Y no es que yo desprecie a los poetas antiguos, muy al contrario, tengo por muchos gran admiración; pero es innegable que la mayoría eran poetas de vestuario, sin nada interno.

Hay algunos versolibristas que lo hacen muy mal y lo desacreditan, pero ir en contra el buen verso libre me parece igual a ir contra la música wagneriana porque rompió con las absurdas trabas de la desesperante música italiana antigua.

Yo por mi parte puedo decir que no comprendo como pudiera hacerse obra grande y de verdadera belleza en octosílabos, pongo por caso.

Todos los metros oficiales me dan idea de cosa falsa, literaria, retórica pura. No les encuentro espontaneidad; me dan sabor a ropa hecha, a maquinaria bien aceitada, a convencionalismo.

Realmente no me figuro un gran poema en heptasílabos o en ottavas reales.

Creo que la poesía es una cosa tan grande, tan por encima de esas pequeñeces y de todos los tratados, que el hecho sólo de quererla amarrar con leyes a las patas de un código, me parece el más grosero de los insultos.

La poesía castellana está enferma de retoricismo; agonizante de aliteratamiento, de ser parque inglés y no selva majestuosa, pletórica de fuerza y ajena a podaduras, ajena a mano de horticultor.

La Naturaleza es muy sabia y muy irónica; vio que había en el mundo muchos hombres que no se conformaban con su vaciedad cerebral y que estaban ansiosos de tener talento y entonces, en un momento de

mixture of rhythms harmoniously combined, and perfectly rhymed lines with consonant or assonant rhymes (or both), whereas the second always has an equal number of syllables and has no rhyme.

The poets of old attended to the rhythm of each particular line; the *vers-libriste* attends to the overall harmony of the stanza. It is a broader orchestration, without the persistent rhythm of the hurdy-gurdy.

In response to the protests of run-of-the-mill rhetoricians we will say that every one of the official and patented classic metres also at one time represented the conquest of new forms, of freedom.

And to those who do not perceive the harmony of free verse we will tell them to thoroughly re-educate their ears, their wretched ears, since they happily put up with long tirades of equal lines – sometimes assaulting the ear for half an hour – with a fixed number of syllables.

We will also remind them that when Boscán brought Italian hendecasyllabics to Spain, the form was rudely attacked and no-one could then perceive the verse rhythm that, within a few years, would be the favourite of classic Castilian poetry.

Everything evolves; let us also trust in the evolution of bad ears, let us trust that someday everyone will perceive this marvellous inner rhythm.

The idea is that the subject should generate the rhythm and not rhythm the subject, as is the case with almost all the old poets.

And it is not that I despise the old poets – quite the contrary, as I greatly admire many of them – but it is undeniable that most of them were only disguised as poets, having nothing inside.

There are some *vers-libristes* who do it very badly and do it no credit, but to object to good free verse seems to me to be the same as objecting to Wagner's music because it smashed the absurd shackles of infuriating old Italian music.

For my part, I can say that I do not understand how to make a great work of true beauty by employing octosyllabics, for instance.

All the official metres give me an feeling of something false, literary, of nothing but rhetoric. I can find no spontaneity in them; they have a flavour of ready-made clothes, of well-oiled machinery, of conventionalism.

I cannot really imagine a great poem in heptasyllabics or *octava real*.

I believe that poetry is such a great thing, so far above all these trifles and these treatises, that the mere fact of wanting to use rules to fasten it to the feet of some body of laws, seems to me to be the grossest of insults.

Castilian poetry is sick with rhetoricism; expiring from alliteration, from being an English park rather than a majestic jungle, oozing with

diabólica justicia, les dijo: «Ahí tenéis eso, hijos míos, y engañad a los que podáis» y les dio facilidad de palabra y los hizo retóricos.

¡Y cómo han engañado a la humanidad! ¡Oh, si pudiéramos hacer la lista de los engañadores!

Escuchad estas palabras de Emerson:

«El poeta es el único sabio verdadero; sólo él nos habla de cosas nuevas, pues sólo él estuvo presente a las manifestaciones íntimas de las cosas que describe. Es un contemplador de ideas; anuncia las cosas que existen de toda necesidad, como las cosas eventuales. Pues aquí no hablo de los hombres que tienen talento poético, o que tienen cierta destreza para ordenar las rimas, sino del verdadero poeta. Últimamente tomé parte en una conversación sobre el autor de ciertas poesías líricas contemporáneas; hombre de espíritu sutil, cuya cabeza parece ser una caja de música llena de ritmos y de sonidos encantadores y delicados; nunca alabaremos bastante su dominio del lenguaje. Pero cuando se hubo de decir si no sólo era un lírico, sino también un poeta, nos vimos obligados a confesar que no era un hombre eterno, que este hombre sólo viviría algunos días. No traspasa el límite ordinario de nuestro horizonte. No se trata de una montaña gigantesca cuyos pies sean cubiertos de una flora tropical, y que todos los climas del globo rodeen sucesivamente con su vegetación, nó; su genio es el jardín o el parque de una casa moderna adornado de fuentes y de estatuas y lleno de gente bien educada. Bajo la armonía de esta música variada, discernimos el tono dominante de la vida convencional. Nuestros poetas son hombres de talento que cantan; no son los hijos de la música. Para ellos, el pensamiento es cosa secundaria; lo fino, la cinceladura de los versos, es lo principal.

«Pues el poema no lo hacen los ritmos, sino el pensamiento creador del ritmo; un pensamiento tan apasionado, tan vivo, que como el espíritu de una planta o de un animal, tiene una arquitectura propia, adorna la Naturaleza con una cosa nueva. En el orden del tiempo, el pensamiento y su forma son iguales. El poeta tiene un pensamiento nuevo; tiene una experiencia nueva para desenvolver; nos dirá los caminos que ha recorrido y enriquecerá a los hombres con sus descubrimientos. Pues cada nuevo período requiere una nueva confesión, otro modo de

strength, a stranger to pruning, a stranger to the horticulturalist's hand.

Nature is very wise and very ironic; it saw that there were many men in the world who were not content with their empty-headedness and who were eager for talent and then, in a moment of diabolical justice, Nature said to them: "Here you go, my children, deceive as many as you can" and she gave them verbal skills and made rhetoricians of them.

And how they have deceived mankind! Oh, if only we could make a list of these deceivers!

Listen to these words by Emerson[3]:

The sign and credentials of the poet are, that he announces that which no man foretold. He is the true and only doctor; he knows and tells; he is the only teller of news, for he was present and privy to the appearance which he describes. He is a beholder of ideas, and an utterer of the necessary and causal. For we do not speak now of men of poetical talents, or of industry and skill in metre, but of the true poet. I took part in a conversation the other day, concerning a recent writer of lyrics, a man of subtle mind, whose head appeared to be a music-box of delicate tunes and rhythms, and whose skill, and command of language, we could not sufficiently praise. But when the question arose, whether he was not only a lyrist, but a poet, we were obliged to confess that he is plainly a contemporary, not an eternal man. He does not stand out of our low limitations, like a Chimborazo under the line, running up from the torrid base through all the climates of the globe, with belts of the herbage of every latitude on its high and mottled sides; but this genius is the landscape garden of a modern house, adorned with fountains and statues, with well-bred men and women standing and sitting in the walks and terraces. We hear, through all the varied music, the ground-tone of conventional life. Our poets are men of talents who sing, and not the children of music. The argument is secondary, the finish of the verses is primary.

For it is not metres, but a metre-making argument, that makes a poem,—a thought so passionate and alive, that, like the spirit of a plant or an animal, it has an architecture of its own,

---

[3] The text which follows is Emerson's original, rather than a translation of Huidobro's version of the English. Note that the first sentence in the English is missing from Huidobro's version; there are other minor lacunae.

expresión, y el mundo parece que espera siempre su poeta.»

Hace algunos años Emerson me enseñó otras bellezas que llevaba en mi alma.

En tiempos de una gran confusión espiritual, cuando sentía arder mi cerebro haciendo la transmutación de todos sus valores; en medio de una enorme angustia filosófica, de un gran dolor metafísico, Emerson me dio horas inolvidables de reposo y serenidad.

Los que han sufrido esa trágica inquietud comprenderán mi amor a Emerson.

Ah! Si este hombre admirable hubiera sido más científico.

A Emerson debo el haber despertado a otro mundo de belleza, por eso mi espíritu lo ama tanto. Por todo el bien que me ha hecho es que, cuando pienso en él, mis ojos se humedecen de ternura y a él va todo el agradecimiento de mi corazón.

VICENTE HUIDOBRO

and adorns nature with a new thing. The thought and the form are equal in the order of time, but in the order of genesis the thought is prior to the form. The poet has a new thought: he has a whole new experience to unfold; he will tell us how it was with him, and all men will be the richer in his fortune. For, the experience of each new age requires a new confession, and the world seems always waiting for its poet...[4]

A few years ago Emerson taught me other beauties that I bore with me in my soul.

In times of great spiritual confusion, when I felt my brain burn, transmuting all of its values, in the midst of an enormous philosophical anguish, of great metaphysical pain, Emerson gave me unforgettable hours of rest and serenity.

Those who have suffered this tragic restlessness will understand my love for Emerson.

Ah! If only this admirable man had been more scientific.

I am indebted to Emerson for having awoken me to another world of beauty, and that is why my spirit loves him so much. Given all the good he has done me, when I think of him my eyes moisten with tenderness and all my heart's gratitude goes out to him.

VICENTE HUIDOBRO

---

[4] *from* 'The Poet' by Ralph Waldo Emerson, published in *Essays: Second Series* (1844).

ADÁN

ADAM

EL CAOS

Silencio. Noche de las noches. Ausencia
de todo vigor, noche honda y obscura. Inercia
preñada de futuras fuerzas,
anhelos y deseos incompletos,
creaciones en embrión frustradas,
truncos intentos,
ansias comprimidas y guardadas.
Revolución de gérmenes
anuncios de simientes.

Nebulosa sin mundos,
instante sin presente,
anhelante mirada hacia el futuro,
ansias expectantes en espera.

Fuerza en donde aun no hay fuerza,
tiempo en donde aun el Tiempo no comienza,
silencio que va a ser resonancia,
instante que será, y sin ser Hoy tiene Mañana,
momento que va a empezar,
onda que aun no es campanada
porque falta la fuerza que hace el aire vibrar.

Éter que va a ser luz cuando tiemble y ondule,
neblina que camina a condensarse
que será sólida cuando a sí misma se fecunde,
cuando en revoluciones logre compenetrarse.

Caos, vientre que no es
hinchado de preñeces que serán.
¡Comience el despuntar de mundos invisibles
que los soles y los astros formarán!

CHAOS

Silence. Night of nights. Absence
of all energy, night intense and dark. Inertia
pregnant with future forces,
longings and incomplete desires,
creations frustrated in embryo,
attempts cut short,
cravings repressed and stowed away.
Revolution of germs
signs of seeds.

A haze with no worlds,
a moment with no present,
a yearning look toward the future,
expectant cravings on hold.

Force where there is yet no force,
time where even Time does not begin,
silence that will turn into echoes,
an instant that will be, and without being Today bears Tomorrow,
moment that is about to begin,
wave that as yet is no tolling bell
for it lacks the power to make the air vibrate.

Ether that, trembling and heaving, will turn into light,
mist that is on the way to condensation
which will be solid when self-fertilized,
when, revolving, it manages to bond.

Chaos, womb that is not
swollen with pregnancies to come.
So begins the dawning of invisible worlds
that the suns and stars will form!

Surjan y vibren las grandes energías
que duermen sin dormir en su neblina.

Great energies that sleep without sleeping
arise and quiver in its mists.

EL HIMNO DEL SOL

En medio del Silencio y de la Inmensidad
solo entre los astros muertos voy;
voy solo, sublime soledad,
soledad de grandeza, soledad de ser sol.

Voy solo en este caos de incoloro azul
defendido y envuelto por mi propia luz.
Mi luz que va en camino a los mundos, mensajera
de todas las promesas.

Voy rodando inmutable en el vacío
y a mis supremas plantas
el tiempo se deshoja en ávidos latidos,
y yo sigo mi marcha.

En mi seno se forman impacientes
preparaciones de simientes,
incubaciones de todos los gérmenes.

Yo soy el padre de toda maravilla,
seré el que cause y sostenga la vida.
En mis rayos caminan a los mundos
todas las ansias; mis caricias
son creadoras y hacen fecundo
cuanto tocan y por ellas palpitan
todos los vigores ocultos.

Yo me doy sin cesar,
en cada parte mía todo entero me doy,
y yo que sólo sé dar
no espero jamás retribución.

HYMN OF THE SUN

Amidst the Silence and Infinity
I go alone amongst the dead stars;
I go alone, sublime solitude,
solitude of grandeur, solitude of being the sun.

I go alone in this chaos of colourless blue
protected and shrouded by my own light.
My light which makes its way to worlds, herald
of all promises.

Unchanging I roll on through the void
and from my sublime plants
time sheds leaves in eager heartbeats,
and I keep moving on.

In my womb, impatiently taking form,
there are seeds being readied
incubators of all germs.

I am the father of all wonders,
it is I who will cause and sustain life.
In my rays all longings travel
to those worlds; my caresses
are creators and whatever they touch
is made fertile and through them
pulsate all hidden forces.

I give of myself unceasingly,
my every single part I give entire,
and I who know only how to give
never expecting reward.

¡Oh Tierra! Te descubro allá lejana
aun estás inútil y desierta
yo te enviaré una larga mirada
y te daré vida con mis fuerzas.

Yo haré alegres las aguas
y haré que los árboles se estiren
para sorber mi leche transparente y clara…
Yo envolveré en salud todo lo triste.

Haré que a mi paso
revienten en los surcos las semillas
como si una voz de milagro
les mandara brotar y reír a la vida.

Los niños traspasarán de risas
y gritos de alegría
mis sutiles rayos bondadosos
y de mi esencia se empaparán los ojos.
Yo seré el padre de la carne joven,
seré la vida de la carne vieja,
haré milagroso el polen
y envolveré toda la tierra
con un manto de rayos luminosos.
¡Yo seré el pasmo de los ojos!
Seré sangre en todas las arterias,
seré savia tras todas las cortezas.

Haré mi caridad a toda cosa,
y de toda salud seré la fuente.

Bajaré a las cavernas misteriosas
y al fondo de las aguas perennes.
Y todo lo que mire y lo que toque
se hará saludable y joven.

O Earth! I discover you far away
you are still useless and deserted
I will give you one long gaze
and with my forces I will grant you life.

I will make the waters merry
and I will have the trees shoot up
to swallow my clear transparent milk…
I will swaddle all sad things with good health.

With every step I will make
seeds burst in their furrows
as if a miraculous voice had
commanded them to sprout and laugh at life.

Children will be filled with laughter
and shouts of joy
by my fine rays of kindness
and my essence will soak into their eyes.
I will be the father of young flesh,
I will be the life of old flesh,
I will make pollen miraculous
and I will cover all the earth
with a mantle of luminous rays.
I will be a wonder for the eyes!
I will be the blood in every artery,
I will be the sap beneath all bark.

I will give my charity to everything,
and I will be the font of all health.

I will descend into mysterious caverns
and into the depths of ageless waters.
And everything I see and touch
will be made wholesome and young.

Yo manaré mi luz sobre la Tierra
como agua que brota entre las peñas
y mi bendición será eterna.

Todo bajo mi amor se hará amigable
como monstruos domados rugirán los mares,
las montañas serán un deseo de besarme.
Por mi darán su fuego los cerebros
y sus flores luminosas los almendros.

Yo seré el padre de las frutas
y llenaré los rostros de los niños
de todas las claridades puras.
Yo suavizaré de dulzura los divinos
ojos de las mujeres,
yo plenaré de vida sus febriles labios
y en los hombres pondré el ansia de gustarlos.

Si de todas las cosas de la tierra
pudierais hallar la quintaesencia
me hallariais a mi en todas ellas.

Yo seré el padre de toda conmoción
de todo palpitar de corazón.

Me tenderé sobre los musgos
y haré de los abismos más profundos
arterias de mi luz y de mis fuerzas;
mi luz es pura y buena,
mi luz es leche que amamanta mundos.
Y yo satisfecho de mi mismo
y con mis propias obras delectado,
seguiré mi camino sin camino
con mi rebaño de astros
vagando en medio del vacío.

I will shed my light upon the Earth
like water springing forth between rocks
and my blessings will be eternal.

Under my love all will be made kind
like tamed monsters the seas will roar,
the mountains will wish to kiss me.
Brains will give their fire for me
and almond trees their blazing flowers.

I will be the father of all fruit
and will fill the faces of children
with the most pure light.
With sweetness I will soften the divine
eyes of women,
I will fill their fevered lips with life
and I will place in men the urge to please them.

If of all the things on earth
you were to discover the most refined
you would discover me in all of them.

I will be the father of all excitement
of every beat in every heart.

I will lie down on mosses
and I will make the deepest chasms
arteries of my light and my power;
my light is pure and good,
my light is milk that suckles worlds.
And I, satisfied with myself,
delighted with my own works,
I will stay on my aimless path
with my flock of stars
wandering amidst the void.

LA TIERRA

Silencio, Inmensidad. Vasto silencio
del ensoñar del globo,
rodando solo en el vacío negro;
silencio ensimismado bajo el otro
silencio augusto de los cielos graves,
de los cielos supremos, prodigiosos,
serenos de reposo.

La Tierra solitaria,
que aun no era por cerebro comprendida,
en el caos rodaba
gozando de su propia maravilla.

¡Oh el primer sol, de la primera
mañana de la esfera
que llenó como un río la suprema
majestad silenciosa de la tierra desierta!

Como una sonámbula
de sus solos ensueños encantada
la Tierra sola y ensimismada,
inefable de éxtasis
rodaba, rodaba,
y todas las auroras
la hacían milagrosa
y todas las noches
augusta y majestuosa.
Los trigos ondulaban al viento
para nadie, para ningún
contemplador maravillado
llenos los ojos de milagro.
Los árboles cantaban,
ebrias de luz se erguían las montañas,

THE EARTH

Silence, Immensity. Vast silence
of the globe's dream,
rolling alone through the black void;
silence absorbed beneath the other
grave silence of the solemn heavens,
of heavens supreme, prodigious,
serene in repose.

The lonely Earth,
still not understood by the brain,
rolled on through chaos
taking pleasure in its own miracle.

Oh, the first sun,
on the sphere's first morning
that like a river filled the supreme
silent majesty of the deserted earth!

Like a sleepwalker
enchanted by her lonely reveries
the Earth, alone and preoccupied,
ineffably ecstatic
rolled on, rolled on,
and all the dawns
made it miraculous
and every night
grave and majestic.
Wheat waved in the wind
for no one, for not one
astonished beholder,
eyes filled with miracles.
The trees sang,
intoxicated by light the mountains rose up,

los horizontes luminosos
parecían buscar unos ojos
que los miraran y gritaran locos.

   ¡El globo solitario
iba rodando, iba rodando.
Sobre la tierra todavía virgen
sonreía la luz, cantaba el sol
y todo con un íntimo temblor
parecía buscar admiración!

   La tierra adolescente
sentía como un vértigo de luminosidad
e inmensa y muda, toda llena de auroras
se sentía solemne de serenidad.

   ¡Oh silencio infinito
lleno de graves rumoreos de viento!
Vibración del vacío,
primer instante, primer momento,
apertura del tiempo!

   Y el globo solitario
iba rodando, iba rodando
oh! la Tierra, la amada Tierra
iba rodando virgen de historia,
desnuda de leyenda,
sin días, y sin años y sin fechas.

   Y eran las mañanas locuras de sol
tembladoras de risas de aguas,
y eran las tardes tristes y pausadas
solemnes de dolor,
y las noches eran una canción deseada
que caía suave sobre los panoramas.

the brilliant horizons
seemed to be seeking eyes
to gaze upon them and shout wildly.

The lonely globe
went rolling on, rolling on.
Above the still virgin earth
light smiled, the sun sang
and all with such an intimate tremor
it seemed to be seeking admiration!

The adolescent Earth
felt giddy from the brilliance,
vast and mute, all filled with dawns,
it felt solemn with serenity.

Oh infinite silence
full of the wind's deep rumbling!
Vibration in the void,
first instant, first moment,
commencement of time!

And the lonely globe
went rolling on, rolling on
Oh! the Earth, the beloved Earth
went rolling on, its history still virgin,
bare of legend,
with no days, and no years, and no dates.

And mornings were the sun's mayhem
shaking with the waters' laughter,
and afternoons were sad and slow
solemn with sorrow,
and nights were a song requested
that fell softly over the landscape.

Así el mundo solo, rodaba, rodaba
y en la matriz formidable y oscura
aguardaban pacientes
todos los gérmenes
de las transformaciones futuras.

¡Oh Tierra! Cálida madre de las simientes
se oía en el seno de tus fuerzas creadoras
un rumor de ideas que se forman
y largas vibraciones que laboran
cruzando por el fondo de tus vértebras
ansiosas de salir a la luz buena.

Y la Tierra nueva,
pletórica de naturaleza,
se mostraba esplendorosa y suprema.
¡Solo se oía en medio del silencio profundo
latir la savia en las venas del mundo!

Lleno de calma y de misterio,
lo sublime y lo bello
brotaba espontáneo de la tierra,
circundaba los montes,
se enredaba en las selvas,
cantaba en los torrentes
e invadía como una luz los horizontes.

So the world went on rolling, rolling
and in its formidable dark womb
patiently it stored
all the germs
of future transformations.

O Earth! Warm mother of seeds,
in the bosom of your creative forces
we hear tell of ideas forming
and long vibrations working away
crossing through your vertebrae
eager to emerge into the good light.

And the new Earth
with nature in abundance
came into sight, splendid and supreme.
All that could be heard amidst the deep silence
was the sap pulsing in the world's veins!

Full of calm and mystery,
the sublime and the beautiful
sprouted spontaneously from the earth,
encircled the mountains,
became entangled in the jungles,
sang in the torrents.
and like light invaded the horizons.

ADÁN

Silencio! Soledad! Vasto silencio
de las llanuras muertas,
solemnes y desiertas
largamente tendidas bajo el otro
silencio enorme de los cielos graves
cobijadoramente luminosos.

Y en medio de los dos grandes silencios
de la tierra y el cielo,
eternamente cara a cara,
Adán enorme y solo se elevaba
mudo como una estatua.
¡Y allí clavado medio a medio
era como el intento
de unir aquellos dos grandes Silencios!

Adán como el que despierta de un gran sueño
atónito miraba el universo,
y como si acabara de surgir de la tierra
olía todo a ella;
estaba saturado de yerbas
y parecía que su cuerpo
enorme, fuerte y suelto,
de fibras de árbol fuera hecho.
¡Creeríase ver en sus carnes nudosas
una vacilación entre ser hombre y ser roca!

Y con sus ojos nuevos sin nada de profundo
Adán iba adquiriendo las bellezas del mundo,
iba adquiriendo formas su cerebro,
a medida que observaba el universo.
Tenía la mirada estupefacta
fija y maravillada…

ADAM

Silence! Solitude! Great silence
of the dead plains,
solemn and deserted
stretching far out under the other
great silence of the severe skies,
protectively bright.

And between the two great silences
of the earth and the sky,
forever face to face,
Adam rose up, massive and alone,
mute as a statue.
And pinned there between them
as if he were an attempt
at uniting those two great Silences!

As if waking from a great dream, Adam
looked at the universe, astonished,
and as if he had just sprung forth from the earth
smelled all that it had;
it was saturated with herbs
and it seemed that his body,
massive, strong, and nimble,
were made of tree fibres.
You would think his knotted flesh
an indeterminate stage between humanity and stone!

And with his new eyes having no depths,
Adam went on acquiring the beauties of the world,
his mind acquiring forms
while he observed the universe.
He had a stunned expression
fixed and amazed…

Tenía el gesto natural del niño
ante algo que le es desconocido.

Los cielos sonreían de blancura
y la Naturaleza limpia y pura
como recién nacida,
se adivinaba, al fin, entera comprendida
y se mostraba superior y enorme
a la contemplación del primer hombre.

Los árboles verdeantes y sonoros
se alzaban como brazos,
y a lo lejos brillaban luminosos
los trigos no sembrados.

Adán enorme y solo todo lo miraba…
Era el Hombre que ante el mundo se alzaba.
El primer hombre que su mente despertaba
y por entero a contemplar se daba.
Comprendía de las cosas el único designio,
veía en todo el verdadero sentido
y todo lo que miraban sus pupilas
su cerebro adquiría.
Y sentía crecer los árboles adentro,
correr el agua por sus nervios,
brillar el sol en su cerebro.
Todo lo que sus ojos contemplaban
lleno de lágrimas amaba.
¡Era en aquel instante de la contemplación
todo su cuerpo un solo corazón!

Adán enorme y solo
los llanos contemplaba
y todo se disputaba el camino de sus ojos
para llegar a su alma.
Todo quería ser claro en su cerebro
y reposar en él sin nada de misterio,

He had a child's natural reactions
to things he'd not known before.

The skies smiled with whiteness
and Nature, clean and pure
as a newborn,
came into view at last, entirely understood,
appearing superior and massive
under the gaze of the first man.

Trees, verdant, resonant,
rose up like arms,
and in the distance unsown
wheat glittered brightly.

Adam was massive and just watched everything...
He was the Man who rose up before the world.
The first man whose mind awoke
and was given over wholly to observation.
He understood the unique design of things,
saw the true meaning in everything
and all that his pupils saw
his mind acquired.
And he felt trees growing inside him,
water running through his nerves,
the sun shining in his brain.
All that his tear-filled eyes
beheld, he loved.
In that instant of contemplation
his whole body was one single heart!

Adam massive and alone
beheld the plains
and everything competed for his eyes' attention
so as to reach his soul.
Everything wanted to be clear in his mind
and rest in him with no mystery at all,

todas las cosas de la tierra
se iban a sus ojos y le daban su esencia
por entero, sin reservas,
como una natural lógica ofrenda.

Todos los ruidos de la tierra y los rugidos
de los animales, hacían su nido
cómodo y absoluto en sus oídos,
repercutían en su cerebro
el cual los ordenaba,
y se agrandaban en su alma.

Adán viendo los campos hinchados de futuro,
llenos de ofrecimientos en sus frutos,
y mirando los robustos brotes
sentía como el ansia
de beberse los vigores
que se desprenden de la tierra sana,
de los árboles, las yerbas y las plantas.

Adán enorme y solo
sintiendo aquel llegar de cosas a sus ojos,
era la estatua del reposo,
todo alma y vigor,
dulcificado de contemplación.

Y vió a lo lejos alzarse la montaña
para él, para que él la subiera,
y vio correr el agua
tembladora de luz, pura y clara
para él, para que él la bebiera.
Todo lo que veía
con santa desnudez se le ofrecía.

Todas las cosas se ofrecían
unas a otras por entero
y en darse estaba toda su alegría

all things on the earth
came to his eyes and gave him their essence
in their entirety, with no reservation,
like a natural, logical offering.

All the noises of the earth and the roars
of the animals, made their nests
comfortable and absolute in his ears,
reverberated in his mind
which put them in order,
and they magnified in his soul.

Adam, seeing the fields swollen with the future,
filled with offerings of fruit,
and looking at the sturdy buds
felt a thirst
for that vitality
shed by the healthy earth,
by the trees, herbs and plants.

Adam, massive and alone
feeling those things reaching his eyes,
was the statue of repose,
all soul and vigour,
sweetened by observation.

And in the distance he saw the mountain rising up
for him, for him to climb,
and he saw the water running
shivering with light, pure and clear
for him, for him to drink.
All that he saw
was offered to him in its hallowed nakedness.

All things offered themselves
to each other in their entirety.
and all their joy consisted in giving themselves

en sentirse de otras un provecho.
En parte alguna se veía
el gesto helado que pone lo egoísta.

   Las aguas acogían amistosas
la clara bondad del cielo
y de las ramas temblorosas,
los árboles en su recogimiento
acogían el cansancio de los pájaros
y les daban descanso
bajo su grata sombra.
Y los ojos de Adán,
hijos de un deseo de luz y de formas,
sentían en su fondo reposar
el triunfo milagroso de la Naturaleza
y todo el entusiasmo de la Tierra.

   ¡Oh la primera mirada comprensora
que recorrió la tierra!
La primera mirada inteligente y buena,
al sentirla temblaron todas las cosas
llenas de una emoción acogedora.
¡Oh el primer sol, de la primera
mañana de la Tierra!
 ¡Oh el primer rayo luminoso
que Adán sintió en sus ojos
y que lo llenó de un claro regocijo
y de sabios intentos!
¡Oh el momento supremo en que el instinto
cayó vencido por el intelecto!

   Primer placer del contemplar,
del escuchar, goce primero,
primer placer del admirar,
y del sentir y del palpar.

in feeling themselves a benefit to others.
Nowhere could there be seen
any icy gestures made by the selfish.

    The friendly waters welcomed
the clear goodness of the sky
and the trembling branches,
the trees in their thoughtfulness
welcomed the weariness of birds
and let them rest
in their pleasant shade.
And Adam's eyes,
sons of a desire for light and shape,
felt lying in their depths
the miraculous triumph of Nature
and all the excitement of the Earth.

    Oh, the first blessed gaze
to have travelled the earth!
The first good and intelligent gaze;
when they felt it, all things trembled,
full of kindred feeling.
Oh the first sun, on the first
morning of the Earth!
Oh, the first bright ray
that Adam felt in his eyes
and that filled them with clear joy
and wise purpose!
Oh, the supreme moment in which instinct
fell to defeat by intellect!

    The first pleasure of observation,
of listening, the first enjoyment,
the first pleasure of admiration,
of feeling and of touching.

Las fieras corrían, daban saltos
con sus nervios elásticos.
Adán ya no lucha con ellas
las ama, las contempla.
Le gusta comprender los animales
ver la perfecta gracia de sus líneas
mirar como les tiemblan los ijares
cansadas de correr. Goza y admira
el nervioso temblor de aquellas carnes
ansiosas de saltar entre breñales,
el pleno dilatar de las narices
y el palpitar de aquella fuerte sangre,
sangre de mundo que despierta y vive;
sangre que fue esencia de la roca,
sangre que fue savia de la selva,
que fue sal de las olas,
que fue plasma de la tierra.

Adán sabe que él también es fuerte,
que él en esencia estuvo siempre,
que la sana alegría del mundo
nutre sus músculos.
Y se inunda de entusiasmo por su carne
y por la ardiente plenitud de su sangre.
Siente que el corazón enriquece sus fibras
y que le llena el cuerpo de luz viva.

Adán siente que todo
se va apozando milagrosamente
en el fondo de sus ojos
llenos de campo verde.

Y todo aquello que antes en su obscura conciencia
se resolvía multiforme,
toma rasgos precisos y lo llena
de santas bendiciones.
Y siente el entusiasmo bondadoso
de vivir para sí y para todo.

Wild beasts ran, bounded
with their elastic nerves.
Adam no longer wrestles with them;
he loves them, he observes them.
He likes to understand the animals
to see the perfect grace of their forms
to watch as their flanks tremble
tired from running. He enjoys and admires
the nervous trembling of that flesh
eager to jump amongst the brushwood,
their fully dilated nostrils
and the throbbing of that strong blood,
the blood of the world that wakes and lives;
blood that was the essence of the rock,
blood that was sap from the forest,
that was salt from the waves,
that was plasma from the earth.

Adam knows that he too is strong,
that at his core he always was,
that the healthy joy of the world
strengthens his muscles.
And he is flooded with enthusiasm for his flesh
and by the fiery fullness of his blood.
He feels his heart enriching his muscles
filling his body with living light.

Adam feels that everything
is miraculously overflowing
in the depths of his eyes
filled with green fields.

And all which in his dark conscience
was resolved before in diverse ways,
now takes on precise traits and fills him
with sacred blessings.
And he feels the benevolent enthusiasm
for living for himself and for all.

Y él sin decirlo a todo daba gracias:
al árbol por ser árbol,
al agua por ser agua,
al pasto verde por ser pasto.

Bendita seas agua porque eres cristalina
porque el alma refrescas y la vista,
bendito sea el día
porque las cosas ilumina,
y bendita la noche porque ella
las hace hundirse en su reposo
y da descanso a los ojos,
haciendo abstracción de todo.
Bendito seas árbol porque das sombra
y reconfortas,
bendita seas tú también montaña,
porque te elevas,
y todas las cosas de la tierra
benditas sean.
¡Y en sus ensueños sumido
él fué el único hombre agradecido!

Adán solemne y mudo meditaba
y quiso tener habla,
porque todas las cosas en el alma
le formaban palabras.
Y así fue que la primera
palabra humana que sonó en la tierra
fue impelida por la divina fuerza
que da al cerebro la Belleza.

Y dijo:
        —Entrad en mi, Naturaleza,
entrad en mi ¡oh cosas de la tierra!
Dejad que yo os adquiera,
dadme la suprema alegría
de haceros substancia mía.

And without saying it, he gave thanks to all:
to the tree for being a tree,
to water for being water,
to the green grass for being grass.

Blessed be thou water because thou art crystalline
because thou refreshest soul and sight,
blessed be the day
because it brightens things,
and blessed be the night because it
makes them sink down in rest
and gives the eyes relief,
making everything abstract.
Blessed be thou, tree because thou givest shade
and comfort,
blessed be thou too, mountain,
for thou risest up,
and all things upon the earth
blessed be they.
And engulfed in reveries
he, the one and only man, was grateful!

Solemn and mute, Adam meditated
and wished to have speech,
because all the things in his soul
were forming words for him.
And so it was that the first
human word that rang out on the earth
was impelled by the divine force
that gives the mind Beauty.

And he said:
                —Enter into me, Nature,
enter into me, oh things of the earth!
Let me acquire you,
give me the supreme joy
of making you my substance.

Todo esto que nace en el suelo
quiero sentirlo adentro.

   Y Adán habló, y el hombre puso palabras
en todas partes donde antes callaba,
en donde siempre estuvo silencioso,
donde solo se oían los grillos sonoros.
¡La Tierra santa de paz y de calma
oyó en éxtasis la primera palabra
y quiso acogerla para eternizarla!

All that is born in the ground
I want to feel inside me.

And Adam spoke, and the man put words
everywhere where before it had been quiet,
where there had always been silence,
where only the sound of crickets could be heard.
The hallowed Earth of peace and calm
heard in ecstasy the first word
and wished to welcome it, to immortalise it.

ADÁN ANTE EL AGUA

   Y luego abandonando
aquel gesto de estatua
con que las cosas mudo contemplaba,
Adán empezó a andar grave y pausado.

   Y fue al agua y al comprenderla
sintió alargarse sus labios hacia ella,
y al mirar su blancura
sintió su cuerpo ansioso de frescura,
quiso sumirse en ella,
verse envuelto entre sus telas
como los guijarros que sus ojos
veían en el fondo.

   Y con mirar atónito
vio que en ella algo tomaba movimiento
mientras lo otro se quedaba quieto.
—Y esto que se mueve
¿a dónde va de dónde viene?
Y siguió con los ojos la corriente.

   Después de un rato de mirarla
hundió sus manos en el agua,
entornando los ojos
con gesto voluptuoso.
Y al inclinar la cabeza hacia el agua
vio en ella un rostro como el que él palpaba
¡Oh raro misterio! ¿Porqué se duplicaba?
Y vio que a la corriente clara
el cielo bajaba,
vio que el agua del remanso
le traía los árboles casi a las mismas manos;
y en el agua sumergió su rostro

ADAM BEFORE THE WATER

And then abandoning
that statuesque expression
with which he mutely observed things,
Adam began to walk slowly and deliberately.

And he went to the water and when he understood it
he felt his lips stretch out towards it,
and on seeing its brightness
he felt his body eager for freshness,
he wanted to immerse himself in it,
to be wrapped in its weaves
like the pebbles his eyes
saw at the bottom.

And with a stunned gaze
he saw that in it something was moving
while the rest remained still.
—And this thing that moves
where is it going, where is it from?
And he followed the current with his eyes.

After looking at it for a while
he plunged his hands into the water,
squinting his eyes
with a voluptuous expression.
And tilting his head towards the water
he saw in it a face like the one he was touching
Oh strange mystery! Why was it replicated?
And he saw the sky coming down
to the clear current,
saw that the water in that pool
almost brought the trees to those same hands;
and he immersed his face in the water

y la sintió temblar bajo sus ojos,
la sintió palpitar bajo sus párpados
dulcemente cerrados
y creyó que el agua tenía manos.

Invadía el valle el canto eterno
del manantial, y Adán se tendió en el suelo
para beber con todo el cuerpo.
Y vio que era buena el agua
y la amó con toda el alma
y su tierna mirada
sobre las ondas flotaba.

Oh! Agua de prodigios
clara risa de niños,
tu conoces el sabor de los trigos,
y el pan maravilloso
conoce tu frescura y sabe que todo
junto a ti se torna bondadoso.

and felt it tremble under his eyes,
felt it throbbing under
his sweetly closed eyelids
and it was as if the water had hands.

Eternal song invaded the valley
from the spring, and Adam lay down on the ground
to drink with all his body.
And he saw that the water was good
and he loved it with all his soul
and his tender gaze
floated over the waves.

Oh! Water of wonders
bright laughter of children,
you know the taste of wheat,
and the wonderful bread
knows your freshness and knows that everything
around you becomes bounteous.

ADÁN ANTE LOS ARBOLES

Hacia los árboles fue luego
y sintió la caricia de su sombra
que era como un descanso sin asiento,
como una fuerza recuperadora.
Los árboles llenos de misterios ocultos
alargaban brazos que ofrecían frutos

Y comprendió el sentido de los árboles,
quiso también tocarlos
y fueron suaves sus manos,
sus manos rudas, fuertes, ágiles.
Por un instinto secreto y heredado
cogió una fruta y la llevó a los labios.
Y después de comerla
se tendió silencioso en la tierra
y vio que era bueno el árbol
y se sintió lleno de encanto.

Volvió a tomar el aire estupefacto,
y a tener el mirar maravillado
y lo invadió una inmensa alegría,
una sensación tan rara
como si todo aquello que en el suelo nacía
se le fuera metiendo en el alma.

De repente cayó una fruta al suelo
y Adán pensó en el fondo del cerebro
¿Porqué cae esto sin cogerlo?
Y vió que su mirada
en medio de las hojas se enredaba.

Y Adán anduvo. Palpó. Miró de cerca
todas las cosas de la Tierra

ADAM BEFORE THE TREES

He went then towards the trees
and felt the caress of their shade
which was like taking rest while still standing,
like a recuperative force.
The trees full of hidden mysteries
stretched out arms offering fruits

And he understood the meaning of the trees,
he wanted to touch them too
and soft were his hands,
their hands rough, strong, agile.
With a secret and inherited instinct
he took a fruit and raised it to his lips.
And after eating it.
he lay down silent upon the earth
and saw that the tree was good
and felt himself filled with enchantment.

Speechless he returned to take in the air,
and had that awestruck look
and was overwhelmed by an immense joy,
a sensation so strange
as if everything that was born on the ground
was being crammed into his soul.

Suddenly a fruit fell to the ground
and in the depths of his mind Adam thought,
Why does this fall without being plucked?
And he saw that his gaze
became entangled amongst the leaves.

And Adam walked. Touched. Looked closely
at all the things of the Earth

que aun no eran nombradas.
Penetró en las selvas más cerradas,
sintió la milagrosa
canción del viento entre las ramas
y el frotar cadencioso de las hojas.

    Escaló los montes,
miró la luz de nuevos horizontes,
cruzó los ríos
y en todos los suelos
abrió los primeros caminos,
abrió los primeros senderos.
¡Y cuando la tierra recorría
acaso sintió en su alma buena
un vago placer de ser guía
de los que aun no eran,
de los que aun tras él no venían!

that were as yet unnamed.
He penetrated the densest forests,
he heard the miraculous
song of the wind amongst the branches
and the cadence of leaves rubbing together.

He climbed mountains,
saw the light of new horizons,
crossed rivers
and in all lands
cleared the first roads,
cleared the first pathways.
And when he travelled the earth,
perhaps he felt in his good soul
a vague pleasure at being a guide
for those who did not yet exist,
for those who were still to come!

ADÁN ANTE EL MAR

Adán iba sereno andando
y de pronto se halló frente al mar,
como si el mar hubiera salido a encontrarlo
para maravillar sus ojos
y llenarlo de espanto,
o para volverlo loco.

Adán con los ojos atónitos
se quedó frente al mar,
y era la Soledad que no lo sabe
frente a la Inmensidad
despreocupada de ser Inmensidad.

Adán llegóse al mar
y silencioso contemplando
aquella formidable, azul grandiosidad,
mudo de aplastamiento, extático,
sintió algo extraño
como si su alma
quisiera estar arrodillada.

¡Oh Mar! ¡Oh augusto espectáculo
en el cual parecen haberse juntado
todas las enormes fuerzas
perdidas y dispersas
en la Naturaleza!

¡Oh música gigantesca y extrahumana
que llena los oídos
como el vaciarse de un enorme rio
e invade todo el cuerpo y toda el alma!

ADAM BEFORE THE SEA

Adam was walking serenely
and suddenly found himself by the sea,
as if the sea had come to find him
to enchant his eyes
and fill him with terror,
or to drive him mad.

With astonished eyes Adam
stood facing the sea,
and was unwitting Solitude
faced with Immensity
blithely being Immensity.

Adam approached the sea
and silently observing
that formidable, blue grandeur,
mutely overwhelming, ecstatic,
he felt something strange
as if his soul
wished to kneel down.

Oh Sea! Oh magnificent spectacle
in which all the massive
forces, lost and scattered,
seem to have come together
in Nature!

Oh gigantic and extrahuman music
that fills the ears
as if a huge river were being emptied
invading all the body and all the soul!

¡Oh Mar! en ti están todas las posibilidades!
Tus aguas están traspasadas de sonoridades
y tu canto está tan adherido
y mezclado a ti mismo,
está contigo tan unificado
que nadie adivinara
si tu agua forma el canto
o si tu canto forma el agua.

Y Adán mirando las olas que subían
le pareció lejanamente que sentía
una tendencia al mar en todo su organismo,
como si el mar a gritos le dijera:
Tú saliste de mi, tú eres yo mismo
y mis aguas salobres son tu esencia.

Tú eres algo mío, mío más que de la tierra
tú, Adán, que ahora me contemplas,
que ahora estas en mis orillas
escuchando mi música divina.

Y Adán sobrecogido
ante el padre de todos los prodigios,
ante el padre de la fuerza y el nervio,
origen y término de todo el universo,
miró las olas con sus ritmos de flancos,
como el galope formidable
de un hato de caballos
con las crines al aire.
Y vio que las olas
en su carrera loca
contra duros peñascos se estrellaban
y se partían por las playas.

Entonces lleno de inquietudes
como aplastado de grandeza
Adán, quiso volver a las partes serenas,

Oh Sea! All possibilities exist within you!
Your waters are penetrated by sounds
and your song clings to you so
and mingles so with your self,
it is so fused with you
that no one can guess
if your water makes the song
or if your song makes the water.

And Adam, watching the waves rising,
seemed to feel distantly
in all his being, an urge towards the sea,
as if the sea had cried out to him:
You came from me, you and I are one
and my brackish waters are your essence.

You are something of mine, more mine than of the earth
you, Adam, who now behold me,
who now are on my shores
listening to my divine music.

And Adam, overwhelmed
before the father of all wonders,
before the father of strength and nerve,
alpha and omega of all the universe,
watched the waves with their horse-flank rhythms,
like the formidable galloping
of a herd of horses
with their manes in the air.
And he saw that the waves
in their mad race
smashed against hard cliffs
and broke upon the beaches.

Then full of restlessness
as if crushed by greatness
Adam wished to return to more peaceful parts,

sentir tranquila su alma,
mirar las aguas quietas…
y huyó como a un refugio a las montañas.

to feel his soul at ease,
to observe the still waters...
and he fled to the mountains as if to a refuge.

ADÁN VA A LAS MONTAÑAS

Y cuando Adán subía las montañas
aspiraba aire y sol por todas partes,
saturaba de naturaleza su alma,
enriquecía su sangre
y adormía en sus ojos a todo el universo.

Subía a grandes saltos
y cada uno de sus saltos recios
era un himno al nervio,
un canto a la agilidad, un canto
a la vida vigorosa y plena,
a la savia de sol nuevo
que circula por sus venas
y lo hace duro, liviano y suelto.

Adán en la cumbre de los montes sentado
ve atardecer lentamente los llanos,
y ve volar los pájaros
y los sigue anhelante su mirar,
y piensa en el fondo de su alma
¿De dónde vienen? ¿adónde van?

Inefablemente la tarde se moría.
Adán escrutando las hondas lejanías
sintió en su alma sana y buena
una vaga tristeza.
Las sombras le envolvían la cabeza
y pensó Adán:
¿Porqué se va la luz de donde estaba?
El sol ¿por qué se va?
Y de repente surgió en su alma
esta pregunta sola y clara:
¡Y yo por qué aquí estoy?

ADAM GOES TO THE MOUNTAINS

And when Adam climbed the mountains,
he breathed in air and sun from all around,
saturating his soul with nature,
enriching his blood
and had the whole universe fall sleep in his eyes.

He climbed with great leaps
and every one of his vigorous leaps
was a hymn to his strength,
a song to agility, a song
to a full and vigorous life,
to the sap of the new sun
flowing through his veins
and making him tough, light and nimble.

Adam, seated on top of the mountain,
sees the sun setting slowly over the plains,
and sees the birds flying
and his gaze follows them longingly,
and he thinks in the depths of his soul
Where do they come from? Where are they going?

Ineffably the evening was extinguished.
Adam, scrutinizing the furthest distances,
felt in his good and healthy soul
a vague sadness.
Shadows shrouded his head.
and Adam thought:
Why does the light vanish from where it was?
The sun, why does it go away?
And all of a sudden there rose up in his soul
this single, clear question:
And I? Why am I here?

Y sintió una gran melancolía
¿De dónde vengo? ¿A dónde voy?
¡Oh primera inquietud de la filosofía
¡Oh primera amargura
del meditar, primera duda!
El hombre debe ser afirmativo
cantar la vida, huir del pesimismo.

And he felt a great melancholy
Where do I come from? Where am I going?
Oh first concern of philosophy
Oh first bitterness
of meditation, first doubt!
Man must be positive
must sing of life, flee from pessimism.

PARÉNTESIS

Y tú, hombre de hoy, buscas la clave
de tus meditaciones graves,
estrujas tu cerebro
buscando el gran secreto
de todo el Universo.

Hombre, para llegar a todo
ten más reposo,
sé más poeta,
deja a un lado tu ansiedad inquieta,
cierra los ojos ante el sol
—pon en el acto una serena unción—
y después de mirar un largo rato,
verás bajo tus párpados
un continuo girar de átomos.
Eso son todas las cosas en el Tiempo,
eso es todo,
eso es el Universo:
un eterno girar contradictorio
a un punto fijo.

Medita, observa y otra vez medita,
ese es el único camino
que lleva a toda maravilla.

Busca el sentido de las cosas
que encantan tu mirada ansiosa,
búscalo por la parte más sencilla.

Todas las cosas salen de la tierra
para volver a ella,
todo lo que es el diario tráfago
y tus ojos encanta:

PARENTHESIS

And you, man of today, you seek the key
to your solemn meditations,
you wrack your brain
seeking the great secret
of the entire Universe.

Man, to get anywhere
take more rest,
be more of a poet,
put aside your restless anxiety,
close your eyes to the sun
—putting your serene devotion into the act—
and after watching for a good while,
you will see beneath your eyelids
atoms continuously spinning.
That is all the things in Time,
that is everything,
that is the Universe:
an eternal contradictory revolution
around a fixed point.

Meditate, observe and meditate once again,
that is the only path
which leads to all wonder.

Seek the meaning of things
that enchant your anxious gaze,
seek it in the simplest places.

All things emerge from the earth
only to return to it,
the everyday hustle and bustle
enchants your eyes:

los tranvías, los carros,
los coches, los caballos,
las lujosas y las pobres casas,
los castillos de cuerpos y de almas salen de la tierra
a poner nuevas formas sobre el mundo,
a aumentar el tumulto,
a delinear siluetas en el aire
y volver a la tierra alguna tarde.

La vanidad que arrastra por las calles
su gran cola de armiño,
todas las majestades graves
que cruzan los caminos,
todo, todo
lo que viste de oro,
de mármol o de seda
viene de la tierra, va a la tierra.

¿A qué tanto afanarse?
Oh! Si; es la vida que gusta engalanarse
¿No lo sabéis? Es el Progreso
el más noble acicate del cerebro.

Es tierra, solamente tierra
que da la Naturaleza,
es un pequeño alargamiento que ella
deja salir de sus enormes fuerzas
y queda aguardando que a su seno vuelva.

the trams, the cars,
the carriages, the horses,
luxurious houses and poor houses,
the castles of bodies and souls emerging from the earth
to take new forms upon the surface,
to increase the tumult,
to trace silhouettes in the air
and in the evening return to earth.

The vanity that drags its great ermine tail
through the streets,
all the solemn majesties
that cross the roads,
everything, everything
you saw that was gold,
that was marble or silk
comes from the earth, goes to the earth.

Why do you toil so?
Oh! Yes; it's life that likes to be adorned.
Do you not know this? It's Progress,
the mind's noblest incentive.

It is earth, nothing but earth
that gives us Nature,
it is a small extension that she
allows to emerge from her enormous forces
and remains waiting for it to return to her breast.

ADÁN EN LA MONTAÑA

Espantando sus primeras melancolías
Adán se irguió. Y era una eximia estatua
el fuerte y recio padre de la vida
sobre su justo pedestal: las montañas.

Y vió bajo sus plantas
que en una lenta agonía
poco a poco la vida se iba
de las llanuras solitarias,
y sintió que algo también moría
dulce e inefablemente en su alma.
Y con sus ojos nuevos sin nada de profundo
acaso Adán vió el rodar de los siglos futuros,
y adivinó toda la tristeza de sus hijos
y presintió todo el dolor del mundo.

Adán enorme y solo,
lleno de anhelos bondadosos,
así en lo alto de los montes erguido
sintió su frente envuelta de vacío.

¡Oh! Maravillosa montaña
contempladora del rodar del Universo
muda, con tus ojos de esfinge sagrada
clavados en el Tiempo.

¡Oh maravillosa montaña
que serenas el alma
del plácido reposo y horas claras!
Gracias por tu bienaventuranza.
Gracias te dió el Hombre con sus ojos
llenos de un manso encanto luminoso.

ADAM ON THE MOUNTAIN

Scaring away his first melancholies
Adam stood up. And he was a lofty statue,
the strong, resilient father of life.
on his proper pedestal: the mountains.

And beneath his feet he saw
that in a slow agony
little by little life was departing
from the lonely plains,
and he felt that something was also dying
sweetly and ineffably in his soul.
And with no depths in his new eyes
perhaps Adam saw the swirl of centuries to come,
and divined all his children's sorrows
and foresaw all the pain in the world.

Adam, massive and alone,
full of kind-hearted longings,
so high up in the mountains,
felt his brow enveloped by the void.

Oh! Marvellous mountain
observer of the wheeling universe,
mute, with your sacred sphinx-like eyes
fixed upon Time.

Oh marvellous mountain
that soothes the soul
with placid rest and clear times!
Thank you for your beatitude.
Man gave you thanks with his eyes
filled with a bright gentle charm.

Y Adán pausado, triste, pensativo,
empezó a descender de la montaña,
abriendo nuevamente otro camino
entre las breñas y las zarzas.

Y mirando la tierra dormida
él no pensó que un día
sobre los campos obscuros brillarían
las ciudades como estrellas caídas.

And Adam, deliberate, sad, thoughtful,
began to come down from the mountain,
opening once again a new path
amongst the brambles and briars.

And watching the sleeping earth
he did not think that one day
cities would shine upon the dark fields
like fallen stars.

ADÁN ANTE LA NOCHE

Cayó la noche borrando los contornos
y alejando las cosas de los ojos,
cayó sin ruido, tan pausada,
como si hubiera resbalado por las faldas
de las viejas montañas.

Oh! Qué tristeza con algo de terror
Adán sintió en su corazón
cuando vió que en la noche se sumían
todas las cosas y se iban
y se apartaban de su vista.

La noche sobre el mundo se derrama
como una melodía inenarrable,
y vierte sobre las cosas y las almas
un mago perfume inefable.

La noche parece que se abisma
en una eternidad profunda e intensa,
parece enamorada de sí misma
y en ella, es ella misma la que sueña.

Ella nos dice más de nuestra propia vida,
de nuestro dolor inquieto,
da precisión al vago pensamiento,
y ella nos muestra cosas que no nos muestra el día.
Y como un consuelo
a todo lo que nos hace ir viendo,
nos da la pequeña muerte del sueño.

Por eso Adán en medio de la noche
sintió su soledad
y sufrió los primeros dolores

ADAM BEFORE THE NIGHT

Night fell erasing contours
and banishing things from the eyes,
it fell quietly, so deliberately,
as if it were slipping off down the slopes
of the old mountains.

Oh! What sadness, with a twinge of dread,
Adam felt in his heart
when he saw that in the night
all things sank, went away
and strayed from his sight.

The night spills out over the world
like an indescribable melody,
and pours over things and souls
a magical inexplicable scent.

The night seems to plunge
into an eternity deep and intense,
seems in love with itself
and within, it is night that dreams of itself.

It tells us more of our own life,
of our restless sorrow,
gives precision to vague thoughts,
and shows us things that the day does not show.
And as a consolation
for everything that it makes us see,
it gives us the little death of sleep.

That is why in the middle of the night
Adam felt his loneliness
and suffered the first pains

que da el meditar.
En un instante obscuro y hondo
cayó en la cuenta de que estaba solo.
Y pensó que podía estar junto a él
un ser semejante
distinto, pero no otro ser.

Y luego pensando
si volvería a ver todo lo visto,
cerró sus párpados
guardando bajo ellos el prodigio
de su tierra, sus montes y sus campos.

that meditation brings.
In a deep, dark moment
it dawned on him that he was alone.
And he thought he could be together
with a similar being
different, but not other.

And then wondering
if he would ever see again all that he'd seen,
he closed his eyelids
keeping beneath them the wonders
of his land, his mountains and his fields.

ADÁN ENCUENTRA A EVA

¡Oh mañana transparente y buena!
Nueva llegada de la luz sobre la tierra,
refrescamiento de los ojos y el cerebro,
refrescamiento de la carne y el nervio,
graciosa agilidad de todo el cuerpo.

¡Oh milagroso renuevo!
Alegría de todo por seguir viviendo:
alegría luminosa del agua,
alegría de los árboles claros,
de las yerbas y las plantas,
alegría sonora de los pájaros.

En la tierra, brillantez de rocío,
en el aire, olor fresco de trigos.

¡Oh fragancia imprecisa y lejana
de la tierra mojada!
¡Oh renacer de fuerzas desmayadas
en la afable mañana!
¡Oh plácido y supremo regocijo
de continuar la vida en uno mismo!

Adán enorme y solo,
clarificado de reposo,
vagaba por los campos lozanos
transparentes y dulces de mañana
y toda la tierra era cordial y amistosa
a sus ojos y a sus plantas.

De pronto Adán vivo y violento
olfatea vagamente en el viento
un inquietante olor a sexo.

ADAM MEETS EVE

O fine transparent morning!
Light arriving once again upon the earth,
refreshing the eyes and the mind,
refreshing flesh and sinew,
graceful agility of the whole body.

O miraculous renewal!
The joy of everything in life continued:
the brilliant joy of water,
the joy of clear trees,
of herbs and of plants,
the sonorous joy of birds.

On the earth, the shining dew,
in the air, the fresh smell of wheat.

Oh indistinct and distant fragrance
of the sodden earth!
Oh rebirth of faint forces
in the friendly morning!
Oh placid and supreme delight
of life continued within oneself!

Adam massive and alone,
purified by rest,
wandered through the lush morning fields,
transparent and sweet,
and all the land was cordial and friendly
to his eyes and his feet.

Suddenly Adam alive and violent
scents vaguely on the wind
a disturbing scent of sex.

Y sus ojos ansiosos y afiebrados
descubren a lo lejos
el prodigio de Eva, el viviente milagro
de Eva en medio de los llanos.

Y Adán, inmenso de alegría,
fué hacia Eva, la nueva maravilla.

And his eager and fevered eyes
discover in the distance
the wonder that is Eve, the living miracle
of Eve amidst the plains.

And Adam, in sheer joy,
went to Eve, the new marvel.

PRIMER AMOR

Eva bajo los cielos encantados
mostraba su armoniosa desnudez
y parecía que al sentirla los campos
se hacían inefables de mansa placidez.

Era el encanto de su cuerpo
resumen y compendio
de todo el universo.
En ella estaban todas las dulces armonías,
todas las líneas en un éxtasis puro,
todas las misteriosas maravillas,
de lo más grande y de lo más oculto.
En su cuerpo vibraban y surgían
todos los hondos secretos del mundo.

Estaba bajo los cielos limpios
llena de vida saludable y de calor
fragante a heno, envuelta en sol.
Sus mejillas gozaban de sentir el viento
y parecían hacer el aire suave y fresco.

Era fuerte y hermosa su cabeza
de tanto andar en alto,
sus pies fragantes de haber pisado yerbas,
sus ojos suaves de haber mirado campos,
sus manos claras y tiernas
de haber deshojado pétalos; su cuerpo sano
de estar con la tierra en contacto.
Su cabellera que casi llega al suelo
tan acostumbrada era a su cuerpo
que de haberla del cuerpo separado
hubiera retenido sus ondulaciones,
sus mismas formas hubiera conservado.

FIRST LOVE

Beneath the enchanted skies Eve
displayed her harmonious nakedness
and it seemed that sensing her made the fields
ineffable with tame placidity.

The loveliness of her body was
a summary and compendium
of the entire universe.
Within her were all the sweet harmonies,
every line in pure ecstasy,
every mysterious wonder,
from the greatest and the most hidden.
In her body all the world's deepest secrets
quivered and emerged.

She was beneath clear skies
filled with healthy life and warmth
with the scent of hay, wrapped in sunshine.
Her cheeks enjoyed feeling the wind
and seemed to make the air soft and fresh.

Her head was strong and beautiful
from so much walking upright,
her feet fragrant from having trodden herbs,
her eyes soft from having seen fields,
her hands fair and tender
from picking off petals; her body healthy
from being in contact with the earth.
Her hair which almost reached the ground
was so accustomed to her body
that if it had been separated from the body
it would have retained its undulations,
would have retained its same form.

Sus inmensos flancos
parecían gruesas ramas curvadas,
y sus senos duros, perfectos
claramente demostraban
que estaban hechos
para que en ellos floreciera
la vida humana.

¡Oh! Milagrosos senos de la primera
mujer, que hubo en la tierra
senos en los cuales arraigara
la vida de los hombres. Senos de Eva
de los cuales brotara
la clara leche madre de las razas.

Su carne sonrosada y fresca
de fruta nueva parecía hecha.

Eva, mirando a Adán, decirle parecía:
yo te ofrezco la vida,
te traigo en mis entrañas el futuro,
en germen llevo todas las distintas
razas del mundo.

Adán sentía hacia Eva una sana
atracción imperiosa,
una fuerza que a ella lo empujaba
como una orden misteriosa.
Y Eva, en tanto, se le ofrecía toda
con el vientre anhelante y lleno de temblor
como pidiendo a gritos la fecundación.

Y Adán le dijo:
                    Ven quiero sentirte
junto a mi, quiero rozarte,
yo estaba solo y tú viniste
y toda mi enorme soledad llenaste.

Her immense flanks
seemed like thick, curved branches,
and her hard, perfect breasts
clearly demonstrated
that they were made
so that human life
would flourish there.

Oh! Miraculous breasts
of the first woman on earth
breasts where the life of men
will take root. Eve's breasts
from which will gush
the pale mother's milk of humanity.

Her flesh is rosy and fresh
seemingly made from new fruit.

Eve, watching Adam, seemed to say:
I offer you life,
I bring you the future in my womb;
in seed form I carry all the varied
races of the world.

Towards Eve Adam felt a healthy
urgent attraction,
a force that pushed him towards her
like a mysterious command.
And Eve, meanwhile, offered him all,
womb longing, filled with trembling,
as if begging to be fertilised.

And Adam said to her:
Come, I want to feel you
next to me, I want to touch you,
I was alone and you came
and you filled all my enormous loneliness.

Yo estaba solo, pero no lo sabía,
ahora tendrás que acompañarme,
irás conmigo a todas partes
ya que me has enseñado a amar la compañía.

Y las palabras de Adán
siguiendo una invisible senda aérea
buscaron los oídos de Eva
como su destino lógico y natural,
como su último término,
así como las aguas buscan al mar.

Y contemplando aquel divino cuerpo
que despedía efluvios luminosos,
sintió en sus labios un raro cosquilleo
y un placer envolvente en sus ojos.
Y sintió que sus labios
de sangre se llenaban
y quiso febrilmente juntarlos
con los labios de Eva, que él miraba
rojos como gajos de naranjas.

Y Adán abrazó a Eva
y al estrecharla entre sus brazos
creyó que abrazaba toda la tierra.

Y allí en medio de los campos,
debajo de las ramas,
en pleno contacto con la tierra se juntaron
sus cuerpos y sus almas,
y Eva sintió que rugían
de placer sus entrañas,
cuando Adán afiebrado vertía
en ella, el germen de la vida.

¡Oh instante solemne y profundo!
Instante supremo

I was alone, but did not know it;
now you must come with me,
you will go everywhere with me
since you have taught me to love company.

And Adam's words
following an invisible aerial path
sought Eve's ears
as their logical and natural destiny,
as their ultimate destination,
just as water seeks the sea.

And contemplating that divine body
which sent forth bright emanations,
he felt in his lips a strange tingling
and an all-consuming pleasure in his eyes.
And he felt his lips
filling with blood
and he feverishly wanted to join them
to Eve's lips, which he saw
were red like slices of orange.

And Adam embraced Eve
and holding her in his arms
he felt he was embracing the whole earth.

And there amidst the fields,
under the branches,
in full contact with the earth they joined
their bodies and their souls,
and Eve felt the roar
of pleasure in her core,
when Adam feverishly poured
into her the seed of life.

O solemn and profound moment!
Supreme moment

más grande que todo el Universo
¡Oh apertura del amor en el mundo!

Amor padre de toda maravilla
y de todas las cosas trascendentales;
eje de todo los actos de la Vida
causa y fuerza que impele todo lo grande.

¡Oh primer amor que hizo temblar la tierra,
las obscuras frondas y las viejas montañas!
Amor, que haces la vida buena
a toda la raza humana.

Y cuando dijo Adán esta sola palabra
sencilla y clara:
«Amor», dijo más, algo más grande,
algo más pleno de alma,
más sublime e inefable
que todos los poemas
sobre el amor escritos en la Tierra.

Amor, sonrisa y sollozo prolongado
a través de los mundos y los años.

greater than all the Universe
Oh the beginning of love in the world!

Love, father of all wonders
and all things transcendental;
axis of all the acts of Life
the cause and force driving all that is great.

Oh first love that made the earth tremor,
and the dark foliage and the old mountains!
Love, you make life good
for the entire human race.

And when Adam said this one word
simply and clearly:
"Love", he said more, something greater,
something more soulful,
more sublime and ineffable
than all the poems
written about love on the Earth.

Love, smiles and prolonged sobbing
across worlds and years.

NUEVA VIDA

Adán al contemplar con Eva
todas las cosas de la tierra
le parecen más suaves y más buenas.

La tarde va cayendo, ambos
llenos de libre exaltación,
vigorosos y claros,
sienten que el amor
se les hace un arroyo
perenne y luminoso
que nutre los campos sonoros
y se amansa en sus ojos.

Corre apacible la dulce vida nueva
y sin que haya en ellos idea protectora
Eva se encuentra más serena,
y cuando junto a Adán reposa,
cree sentir que Adán da sombra.

Y así pasan los días,
ambos son todo contemplación
y gustan el sentido de la vida,
fuente de toda ávida emoción.

Amar la vida, sentirla bondadosa
es un continuo admirar todas las cosas.

Adán todo vigor y fuerza
recios brazos, recias piernas.
Eva toda gracia y belleza
bello el rostro, bello el cuerpo y la larga cabellera.

NEW LIFE

On beholding with Eve
all the things of the earth
to Adam they now seem softer and better.

Evening is falling, both
full of free exaltation,
vigorous and clear,
they feel that love
makes of them a stream
perennial and bright
which nourishes the resonant fields
and is tamed in their eyes.

It runs gently, this sweet new life
and without there being any notion of shelter
Eva feels more serene,
and when she rests alongside Adam,
she feels that Adam offers shade.

And so the days pass,
both in full meditation
and they enjoy the feeling of life,
source of all keen emotion.

To love life, to consider it benign,
is a continual admiration of all things.

Adam all vigour and strength
strong arms, strong legs.
Eve all grace and beauty
her face beautiful, her body beautiful and her hair long.

Adán camina por las selvas,
Eva brilla al sol entre las yerbas.

Así pasan los días
en dulce saborear la compañía.
Viendo que las cosas permanecen
y que algunas se van, pero que vuelven,
Adán pensó, audaz y cierto:
«El día, la noche, los árboles, las aguas
los mares, las montañas
durarán largo tiempo».

Y Eva una tarde en medio de los campos
con los ojos llenos de azul y de milagro,
siente sus entrañas que palpitan
hinchadas de otra vida.

Adam walks through the jungles,
Eve glistens in the sun amidst the grasses.

So it is that the days pass by
sweetly savouring one another's company.
Seeing that some things remain
and that some go away, but return,
Adam thought, bold and certain:
"The day, the night, the trees, the waters
the seas, the mountains
will last a long time."

And Eve one afternoon amidst the fields
her eyes filled with blue and with miracles,
feels her womb throbbing,
swelling with another life.

CAÍN Y ABEL

Adán después de algunos años
ve correr por los llanos
la carne de su carne,
la sangre de su sangre,
sus dos hijos mayores,
Caín y Abel, dos fuertes mocetones.

En la historia del mundo y su vieja leyenda
ambos son como un símbolo
de la batalla eterna:
Abel, el amor místico,
Caín, es la ciencia,
el puro panteísmo
que no busca las cosas hacia afuera
sino en nosotros mismos.

Por eso es que la ofrenda
continúa el gran símbolo:
la de Caín se esparce por la tierra,
y la de Abel sube al vacío.

El uno lleva clavada la pupila
en lo alto buscando otra vida,
el otro encuentra buena
la vida de la tierra
y todo lo halla en la gran Naturaleza.

El uno ama los misterios
y se los crea donde no puede verlos,
allá detrás del firmamento.

CAIN AND ABEL

A few years later Adam
sees running through the plains
the flesh of his flesh,
the blood of his blood,
his two eldest sons,
Cain and Abel, two strapping youths.

In the history of the world and its old legend
these two are a kind of symbol
of eternal struggle:
Abel, mystic love,
Cain, he is science,
that pure pantheism
which does not seek things further afield
but rather within.

That is why the offering
continues the great symbol:
Cain's is scattered over the land,
and Abel's rises into the void.

One has his eye fixed
on the heights seeking another life,
the other finds good
the life of the earth
and everything he discovers in great Nature.

The one loves mysteries
and creates them where they cannot be seen,
out there, beyond the firmament.

El otro ama las cosas claras
las bellas realidades de la tierra sana
que contempla en los montes, los árboles, las aguas.

Abel busca la vida en la muerte,
Caín quiere sólo la vida, la vida siempre.

Por eso fue que un día
para hacer el triunfo de la vida,
los hijos de Caín, llenos de alma,
alzaron como una voz de venganza
contra los malos hados
la Torre de Babel sobre los campos.

La gran Babel fue como un grito
de rebelión,
miles de brazos que alzaron al vacío
un solo corazón,
miles de impulsos
que se hicieron uno
y se reconcentraron en la Torre.
Fue como el intento
de un escalamiento gigantesco
de los hombres
a derrocar los dioses.

Fue la aspiración del mundo todo
a deshacer el enigma prodigioso.

Pero pasó que cuando estaba alta
los hombres se sintieron orgullosos
y todos quisieron ser primeros
en atribuirse el mérito.
Entonces sobrevino la confusión enorme,
la lucha de los hombres,
que más que división de lenguas y palabras
fue eterna división de almas.

The other loves clear things
the beautiful realities of the healthy earth
that he observes in the mountains, the trees, the waters.

Abel seeks life in death;
Cain wants nothing but life, always life.

That is why one day
to make of life a triumph,
the sons of Cain, full of spirit,
and as a voice of revenge
against malign destiny, raised
the Tower of Babel above the fields.

Great Babel was like a cry
of rebellion,
thousands of arms that raised to the void
one single heart,
thousands of impulses
that were made one
and were concentrated in the Tower.
It was like the attempt
at a gigantic ascent
by men
to overthrow the gods.

It was the ambition of the whole world
to unravel the marvellous enigma.

But it so happened that when it was built
men felt pride
and everyone wanted to be first
to take the credit for it.
Then followed enormous confusion,
the struggles of men;
more than the division of tongues and words
it was the eternal division of souls.

Y desde entonces a lo alto se levanta
como un himno de las fuerzas aunadas
la Gran Babel, pasmo de los ojos,
condensación de un intento milagroso.

Y queda ante la historia, ante toda la Tierra,
y ante todos los siglos,
el triunfal monumento de la ciencia
como un gran árbol con sus raíces fijo
aferrado en la entrañas del vacío.

And since then it stands on the heights
like a hymn of combined forces
Great Babel, amazing the eyes,
a miraculous effort made solid.

And it stands before history, before all the Earth,
and before all time,
the triumphant monument of science
like a great tree with its roots fixed
clinging to the bowels of the void.

EPÍLOGO

¡Oh Padre Adán! Árbol frondoso,
árbol de maravillas y prodigios,
de actividades en reposo,
árbol lleno de anuncios infinitos.

Árbol que llenó el mundo
con sus innumerable frutos,
y que estrechó sus hojas
para hacer caridad de sombra.

¡Oh Padre Adán! Montaña
de donde nacen todas las aguas
que fecundan la tierra
y la hacen alegre y fresca,
llena de promesas
e inefable de ofrendas.

Primera vertiente, manadero
de donde brotan todos los arroyos,
manantial inagotable, eterno,
que penetra como luz los suelos bondadosos,
para dar esa fragancia clara
de la tierra mojada,
y poner luminosidades en los musgos
y hacer jugosos los frutos.

Supremo manantial
que fecundas las tierras
para ser árbol y yerba
para ser trigo, harina, pan.

¡Oh Padre Adán! Mar de milagros,
hasta hoy prolongado,

EPILOGUE

O Father Adam! A leafy tree,
a tree of wonders and marvels,
of activities at rest,
a tree full of infinite omens.

Tree that filled the world
with its innumerable fruit,
and extended its leaves
to offer benevolent shade.

Oh Father Adam! Mountain
from which are born all the waters
that irrigate the earth
and make it happy and fresh,
full of promises
and ineffable offerings.

First slope, a spring
from which all streams gush,
inexhaustible source, eternal,
that penetrates the welcoming soil like light,
giving that clear fragrance
to the damp earth,
and rendering the moss luminous
and making the fruit juicy.

Supreme spring
you that fertilise the lands
making of them trees and herbs
making of them wheat, flour, bread.

Oh, Father Adam! A sea of miracles,
prolonged until this day,

que ha cubierto de dádivas
todas las playas.

Padre de aquellos hombres con vigor de roca,
hombres que no comían carne,
con olor a niño en la boca.

Adán, primera
palabra, que hirió el silencio de Tierra
y se clavó en el horizonte
luminoso y enorme.

Bendito seas ¡Oh Padre Adán!
Alma en flor, no conociste el mal;
en tus ojos ingenuos y mansos de azul
se dormía dulcemente la luz.
Tú, amor de la naturaleza
lo resumiste en Eva
la madre de los inmensos flancos
fecundos y cálidos.

Padre Adán, te separaste de la Madre Tierra,
te erguiste como una recia escultura de piedra,
la vieja Madre quiso retenerte
para estrecharte, para besarte siempre.

¡Oh Padre Adán! primera
mirada comprensora sobre la amada Tierra.

Única comprensión verdadera,
porque todo miraba por vez primera
libre de adquisiciones anteriores,
libre de herencias.

Bendito seas, Padre Adán
árbol augusto, supremo manantial.

that has covered every beach
with gifts.

Father of those men with rock-hard vigour,
men who ate no meat,
their mouths smelling of children.

Adam, first
word, which wounded the Earth's silence
and was fixed on the horizon
brilliant and massive.

Blessed art thou, Oh Father Adam!
Soul in bloom, thou knewest no evil;
in thy blue eyes, naive and gentle,
the light slept sweetly.
Thou, love of nature
thou hast summed it up in Eve
the mother with huge flanks,
fertile and warm.

Father Adam, thou hast separated thyself from Mother Earth,
thou hast stood up like a sturdy sculpture made of stone,
thine old Mother wanted to keep thee
to hold thee, to kiss thee always.

Oh Father Adam! First
blessed gaze upon the beloved Earth.

The only true comprehension,
because everything was seen for the first time
free of preconceptions,
free of legacies.

Blessed art thou, Father Adam.
magnificent tree, supreme spring.

www.ingramcontent.com/pod-product-compliance
Lightning Source LLC
Chambersburg PA
CBHW020210090426
42734CB00008B/1007